Für Adam Smith.
Vater der
Nationalökonomie

SCHLURP!

Jaermann Schaad

JENYZAN

BUSH-TELEFON

Eine lückenlose Sammlung aller von März 2003 bis Dezember 2003
im Tages Anzeiger erschienenen Comicstrips.

Sewicky Verlag

1. Auflage

Alle Rechte vorbehalten.
© 2004 Sewicky Verlag, Jaermann/Schaad, CH-Winterthur
Nachdruck, auch auszugsweise, sowie fotografische und elektronische
Wiedergabe sind nur mit Genehmigung des Verlags gestattet.
Grafik: Paul Frei, CH-Oberneunforn
Druck: Druckerei Flawil, CH-Flawil
Vertrieb: Zappa Doing, CH-Winterthur

ISBN-Nr. 3-9520938-8-2

Vorspiel

Was ist das?

A: Luchsmännchen Turos Suche nach einem ihm genehmen Weibchen
B: George W. Bushs Suche nach Osama Bin Laden
C: Evas Suche nach einer Erhöhung ihres Mindestlohnes

Lösung: Christlichdemokratische Suche nach Volk und einer Parteistrategie

BIO-TERROR!
ALARM!
HILFE!
?
!
GRIPPEVIREN HIN ODER HER!
RUNTER MIT DIESER MASKERADE!

HA...
..TSCHI!
'TSCHULIGUNG!
BEHALTEN SIE IHRE VIREN FÜR SICH!

?
PLOP!
WOMP!
KNIRSCH!
EVA?
EINDEUTIGE GRIPPE-SYMPTOME!
RÖCHEL!

Panel 1: MAMI..! ICH HAB DURST!

Panel 2: MAMI! ICH MÖCHTE TEE!

Panel 3: MAMI! WIR HABEN DURST!

Panel 4: (Mami raucht im Bett)

Panel 5: KEUCH!

Panel 6: STÖHN! DR. MED...

Panel 7: AB INS BETT, FRAU GRDJIC! WUSSTEN SIE NICHT, DASS ICH WIEDER HAUSBESUCHE MACHE ?!?

Panel 8: Fackelzug um den Flughafen

SUPER ERFOLG, MAMI! SEIT DEINE FACKEL BRENNT, STARTEN UND LANDEN KEINE FLIEGER MEHR!

80% DER BEVÖLKERUNG SIND GEGEN DEN KRIEG!
WAS FÜR EINE ZIELGRUPPE!
COSMOS
FRIEDENS-AUSVERKAUF!

BEFEHL AUSGEFÜHRT, HERR DOKTOR: DER GANZE LADEN IST AUF FRIEDEN GETRIMMT!
SEHR GUT, SMEILI!
COSMOS
FRIEDENS-AUSVERKAUF!
MAKE LOVE, NOT WAR!
PEACE
ALL WE ARE SAYING, IS...
EIERKUCHEN
...GIVE PEACE A CHANCE!
?
SNIFF!?
FRIEDENS-TAUBEN

VAISSELLE HAT ALLE AUS AMERIKA KOMMENDEN PRODUKTE...
COSMOS
FRIEDENS-AUSVERKAUF!
...AUS DEM SORTIMENT GEKIPPT!
STARK! SOVIEL POLITISCHEN CHARAKTER HÄTTE ICH IHM GAR NICHT ZUGETRAUT!
UND WAS IST DAS?!?
Coca-Cola
...WIRD IN DER SCHWEIZ HERGESTELLT!

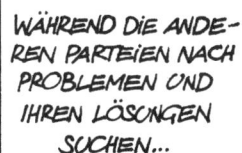

Panel 1: CASIMIR: ICH HABE EINE EINTHEMEN-PARTEI GEGRÜNDET, DIE ALLES IN DEN SCHATTEN STELLEN WIRD! — PROSCHT NÄGELI!

Panel 2: WÄHREND DIE ANDEREN PARTEIEN NACH PROBLEMEN UND IHREN LÖSUNGEN SUCHEN...

Panel 3: ...ZELEBRIERT MEINE PARTEI DEN GENUSS UND DIE SCHÖNEN SEITEN DES LEBENS... — NIEDER MIT DER GLAS POLITIQUE!

Panel 4: WAS IST DEINE WAHLPROGNOSE? — EIN SCHNELLER ABGANG.. — DIE WEIN-PARTEI — IN VINO VERITAS!

Panel 5: GABI, DEINE WEINPARTEI KOMMT SENSATIONELL AN..!

Panel 6: ÜBER 1000 ANMELDUNGEN FÜR DIE GRÜNDUNGS-PARTY AUF DEM WEINSCHIFF!

Panel 7: ERSTAUNLICHERWEISE ALLES FRAUEN... — FRAUEN??

Panel 8: GUT, DASS ES JETZT EINE WEINPARTEI GIBT! — KOLLEKTIVES WEINEN IST DIE EINZIGE ANTWORT AUF DIESEN SINNLOSEN KRIEG! — WEINSCHIFF

Panel 9: BUUAAAH! SCHLUCH! HEUL! — EINHALT, MEINE DAMEN... — WEINSCHIFF

Panel 10: WEINPARTEI HAT NICHTS MIT WEINEN ZU TUN! — HEUL

Panel 11: WENN DIE NICHT BALD AUFHÖREN, SAUFEN WIR AB!

Panel 12: WIESO HEULST DU? — DER KAHN IST NICHT VERSICHERT... — WEINSCHIFF

HECHEL! HECHEL!
KNURR!
?
?
WAU! WAU!
HEUL!
WAS LIEST DU?
DAS PROGRAMM DER HUNDE-PARTEI!
HUP PARTEI PROGRAMM

?!
PLITSCH!
EIN WERBEGESCHENK! DÜRFEN SIE BEHALTEN!
HUP- HUNDEPARTEI
MEHR TOLERANZ!

WAHNSINN, MIT WAS FÜR WERBE-GESCHENKEN DIE PARTEIEN UM STIMMEN BUHLEN!
SVP
DA VORNE IST DER FDP-STAND...
TOTAL AM BODEN, MIT FÜSSEN GETRETEN...
NIMMT MICH WUNDER, WAS DIE ABGEBEN...
FDP
FDP

WAHNSINN, WIE SICH VAISSELLE FÜR DEN LADEN AUFOPFERT!
ER TRAINIERT FÜR DEN ZÜRI-MARATHON...

AAAAH!
AAAARGH ICH-HABE-EINEN-KRAMPF!!!
!
WIR AUCH!

WROAMM!
?
D... DER HAT MICH... TOUCHIERT!
ES HEISST FUSSGÄNGER-STREIFEN UND NICHT FUSSGÄNGER STREIFEN!

BLABLABLA... REMARKABLE RESULTS... BLABLA... BLABLA... COLLATERAL DAMAGE...
BLABLA... BLABLABLABLA... DESTROYED SEVERAL TARGETS... BLABLABLA...
...BLABLA... CLOSE TO BAGDAD... BLABLA...
ICH MAG TOMMY FRANKS SENF NICHT MEHR HÖREN!
ZAPP!

WEN RUFST DU AN?
MEINE ALTE FREUNDIN TANJA... SIE LEBT IN NEW YORK... MAL HÖREN, WAS SIE VON DIESEM KRIEG HÄLT...
0... 0... 1...
ICH GLAUB', ICH BRAUCH LANGSAM EINE BRILLE...
TUUT. TUUT...
DUDELI, DUDELI

NA... IST DEINE AMI-FREUNDIN ZU HAUSE?
HELLO?
TANJA?
NO... THIS IS BUSH...
BUSH???
YEAH! GEORGE W. BUSH... WHY?
ÄH... SO... SORRY! WRONG NUMBER!
W... WER WAR DAS?
GEORGE W. BUSH...
UND DU HAST IHM NICHT DIE LEVITEN GE-LESEN?!
DUDELI, DUDELI

Panel 1: NO!... NO!... NO!

Panel 2: FORGET IT! THIS IS *MY* WAR!

Panel 3: SO *DON'T* INTERFERE IN FOREIGN AFFAIRS! KLICK!

Panel 4: ▬▬▬▬▬! TUUT... TUUT...

Panel 5: DUDELIDUDELI / GEORGE! IT'S *HER* AGAIN!

Panel 6: LISTEN GUYS... A SWISS LADY WANTS TO KNOW WHO'S NEXT...

Panel 7: SHE TERRORIZES ME BY PHONE...

Panel 8: TERROR?!? / SO LET'S BOMB SWEDEN!

Panel 9: SÄMI: PRÄSIDENT BUSH FÜHLT SICH VON EINER SCHWEIZERIN TELEFONISCH TERRORISIERT!

Panel 10: WENN WIR SIE NICHT AUSLIEFERN, WOLLEN SIE ANGREIFEN UND UNS DEMOKRATIE BEIBRINGEN!

Panel 11: AUSLIEFERN?!? EINE *SCHWEIZER* BÜRGERIN!? NIEMALS!!! / WOBEI... SIE HEISST GRDJIC...

Panel 12: 100% SCHWEIZERIN?

Panel 1: CHÈRE MADAME GRDJIC... AMERIKA VERLANGT IHRE AUSLIEFERUNG... WAS ABEN SIE DENN GEMASCHT?

Panel 2: ICH HABE MICH BEIM TELEFONIEREN VERWÄHLT... UND ALS ICH PLÖTZLICH PRÄSIDENT BUSH AM DRAHT HATTE,

Panel 3: ...SAGTE ICH IHM MEINE MEINU— SIE ABEN BUSHS DIREKTNUMMER?!

Panel 4: DUDELI, DUDELI

Panel 5: SCHWEIZ IM FADENKREUZ DER USA! PRÄSIDENT BUSH FÜHLT SICH DURCH FRIEDENSTELEFONE AUS DER SCHWEIZ TERRORISIERT...

Panel 6: DAS WEISSE HAUS SCHLIESST EINE MILITÄRISCHE AKTION NICHT AUS. DER BUNDESRAT REAGIERT IN EINER ERSTEN STELLUNGNAHME BESTÜRZT.

Panel 7: DIE SCHWEIZ DISTANZIERT SICH IN ALLER FORM VON DIESEN TELEFONATEN UND WIRD SICH TRADITIONSGEMÄSS A-B-S-O-L-U-T NEUTRAL VERHALTEN... Krise

Panel 8: Blick USA:EVA — Kriegsfalke jagt Friedenstaube. Kofi fertig?

Panel 9: FRAU GRDJIC: SIE SIND ENTLASSEN!

Panel 10: SIE SIND FÜR UNSEREN LADEN EIN SICHERHEITSRISIKO! HERR VASSELLE!

Panel 11: WAHNSINN! SEIT FRAU GRDJIC MIT BUSH IM CLINCH IST, HAT SICH UNSER UMSATZ VERDREIFACHT! ALLE WOLLEN DIE HELDIN SEHEN!

Panel 12: FRAU GRDJIC: SIE SIND WIEDER EINGESTELLT!

MAMI: KÖNNTEST DU DICH NICHT EINFACH BEI BUSH ENTSCHULDIGEN UND SCHWAMM DRÜBER?
ICH ENT-SCHULDIGEN? WEIL ICH MICH FÜR FRIEDEN EINSETZTE?
ICH KRIECHE DOCH NICHT VOR EINEM BUSH ZU KREUZE!
UND ÜBERHAUPT: ES GIBT KEINEN HINWEIS, DASS DIE AMIS HIER AUF-TAUCHEN WOLLEN...
DA WÄR ICH MIR...
...NICHT SO SICHER...
AL JAZIRA
BBC
CNN
FOX
ABC

MEIN GOTT..! WENN DIE AMIS FRAU GRDJIC WOLLEN...
...KÖNNTEN SIE MIT EINER SMART BOMB MEINEN BLOCK ZERSTÖREN...
ICH MUSS IHR FRISTLOS DIE WOHNUNG KÜNDIGEN, BEVOR EINE VERRÜCKTE AUF DIE IDEE KOMMT, MENSCHLICHES SCHUTZSCHILD ZU SPIELEN...
DING DONG
Grdjic
OUI?!
?!

Panel 1: SÄMI! DIE USA ENTSENDEN EINEN FLUGZEUGTRÄGER RICHTUNG SCHWEIZ... WIESO LIEFERN WIR DIESE EVA NICHT EINFACH AUS?!

Panel 2: WEIL UNSERE AUSSENMINISTERIN MENSCHLICHES SCHUTZSCHILD SPIELT! DARUM!
JA, ABER... DAS IST DOCH **DIE** LÖSUNG!

Panel 3: WIR LIEFERN EVA AUS UND CALMY-REY ALS ZUGABE!
GENIAL! ICH VERHANDLE SOFORT MIT COLIN POWELL!

Panel 4: WAR KEINE GUTE IDEE, DEN AMIS CALMY-REY UNTERJUBELN ZU WOLLEN...
COLIN POWELL EMPFAND SIE ALS PROVOKATION...
Kandersteg, Bundesratsbunker (streng geheim)

Panel 5: SÄMI: DIE LAGE IST ERNST: VOR DEM HAFEN VON ROMANSHORN LIEGT EIN BIS AN DIE RELING BEWAFFNETER FLUGZEUGTRÄGER!
Eingang (getarnt)
Kandersteg, Bundesratsbunker

Panel 6: UND DAS MITTEN IN DER ARMEEREFORM XXI...
KEINE BANGE, KOLLEGEN... DIE LAGE ISCHT IM GRIFF...

Panel 7: DIE AMIS KÖNNEN UNS GAR NICHT ANGREIFEN..!

Panel 8: SIR: GERMANY DOES NOT ALLOW NORDANFLÜGE!
SHIT!

SÄMI: DER FLUGZEUGTRÄGER SCHWIMMT JETZT AUF DEM LAGO MAGGIORE...
SOLL ER DOCH! IN UNSERE ENGEN ALPENTÄLER WAGT SICH EH KEIN AMI-PILOT!
Kandersteg, Bundesratsbunker
WROAM!
WA... WAS WAR DAS?
EINE F/A-18!
VON... UNS?
TEILE DAVON MIT GARANTIE!

SÄMI: DER FLUGZEUGTRÄGER HAT AUF DEM BLAUSEE GEANKERT..!
AN DIE WAFFEN!
WAFFEN?!?
Kandersteg, Bundesratsbunker
DANK KASPARS SPARHYSTERIE MUSS DIE ARMEE SELBSTTRAGEND SEIN... UND WEIL DIE WELTWEITE NACHFRAGE SO GROSS IST, HAT DIE ARMEE ALLE WAFFEN INS AUSLAND VERKAUFT...
WAS SCHLÄGT DER GESAMTBUNDESRAT JETZT VOR?
FARBE BEKENNEN...

SWITZERLAND IS OURS!
PERFECT! NOW WE HAVE THE FIGGI AND THE MÜHLI!
WE CONTROL THE OIL...
...AND THE MONEY!

DIE SCHWEIZ HAT KAPITULIERT! DIE USA ANNEKTIEREN UNS!
DANN WIRD ES NICHT MEHR LANGE DAUERN UND DIE AMIS MARSCHIEREN HIER EIN...
SIE SIND SCHON DA!
Zunft zum Kämbel

THE ZUNFT ZUM KÄMBEL SALUTES THE NEW PRESIDENT OF SWITZERLAND!
ICH MUSS MAL FÜR GANZ GROSSE JUNGS...
DAS KANN ICH SCHON ALLEINE!
HERREN
PLITSCHER!
HMPF!
?
MISTER PRESIDENT?! ALLES O.K.?
SHIT!

I LOVE SWISS FOOD!
MORE WINE! MORE BREAD!
MISTER POWELL! MISTER RUMSFELD!
NOT MORE CHEESE!
PRESIDENT BUSH... HAS GOT LOST!
AMMPF!
DAS WAR JA EIN KINDERSPIEL, MICHELINE!
30.4.

Panel 1: WAS... WAS WOLLEN SIE VON MIR? / DASS SIE ZUHÖREN... JETZT KÖNNEN SIE NICHT EINFACH DEN HÖRER AUFLEGEN!

Panel 2: (Sagen Sie Bush Ihre Meinung!)

Panel 3: *Stunden später...* WENN SIE SCHON NUR LÄNDER ANGREIFEN, DIE MASSENVERNICHTUNGSWAFFEN BESITZEN... WIESO BOMBARDIEREN SIE SICH NICHT SELBST?! / GENUG, EVA...

Panel 4: ...SONST VERSCHWINDET ER NOCH!

Panel 5: NEIN! NEIN! UND NOCHMALS NEIN! ICH LASSE MICH AUF KEIN DUELL EIN! DAS VERSTÖSST GEGEN INTERNATIONALES RECHT!

Panel 6: DIE KRÄFTEVERHÄLTNISSE SIND UNGERECHT VERTEILT! ÜBER SO GEWALTIGE ENTSCHEIDUNGEN MUSS EIN UNO-MANDAT VORLIEGEN!

Panel 7: PEACE! / WOW MAMI! WAS FÜR EIN DUELL HAST DU IHM VORGESCHLAGEN?

Panel 8: ARMDRÜCKEN!

Panel 9: EVA! LA SOUVERAINETÉ DE LA SUISSE LIEGT JETZT... / ...IN DEINER RESCHTEN HAND!

Panel 10: AUF LOS GEHTS...

Panel 11: LOS! / WUMP!

Panel 12: ...UND DIE AMIS SIND OHNE BEDINGUNG ABGEZOGEN? / MAIS OUI! WIR SASSEN DIESMAL AM LÄNGEREN HEBEL!

IST EVA NOCH IM WINTERSCHLAF?

SCHON LANGE VORBEI! SIE IST BEREITS IN DER...

...FRÜHJAHRS-MÜDIGKEIT...

?

...UND DAS HILFT EFFEKTIV BEI HEUSCHNUPFEN?

?
SAG NUR, DU HAST AUCH HEUSCHNUPEN?
NEIN... NEIN...
... ABER MIT DEM DING KRIEG ICH IN DER S-BAHN...
... IMMER EIN FREIES ABTEIL!

DIE INITIATIVE "JA ZU FAIREN MIETEN" WURDE ANGENOMMEN... DIE "SONNTAGSINITIATIVE" WURDE ANGENOMMEN...
?
DIE INITIATIVE "GLEICHE RECHTE FÜR BEHINDERTE" WURDE ANGENOMMEN...
DIE INITIATIVE "STROM OHNE ATOM" WURDE ANGENOMMEN... DIE INITIATIVE "MORATORIUM-
HOL DEN ARZT...
-PLUS" WURDE ANGENOMME
MARGRIT HALLUZINIERT MAL WIEDER!

SCHÖNEN GUTEN TAG, FRAU GRDJIC..!
?
ICH MÖCHTE MICH MIT IHNEN ÜBER DIESE... MIETERINITIATIVE UNTERHALTEN...
!
BLAM!
?
WENN DIESE INITIATIVE ABGELEHNT WIRD, SCHMEISS ICH SIE WILLKÜRLICH RAUS!
UND WENN SIE ANGENOMMEN WIRD, UNWILL-KÜRLICH!

Panel 1: VERDAMMT, COACH SIEGLER... UNSER UMSATZ IST IM KELLER!

Panel 2: DER LADEN IST PRAKTISCH LEER! WO KAUFEN DENN DIE MENSCHEN HEUTE IHRE GRUND-NAHRUNGSMITTEL?!?

Panel 3: DORT! ?

Panel 4: DIESER SCHEISS TANKSTELLEN-SHOP SCHEINT DIE MENSCHEN MAGISCH ANZUZIEHEN...

Panel 5: NIMMT MICH JA WUNDER, WER DORT EIN UND AUS GEHT...

Panel 6: VERRÄTER! SO LERNT MAN SEINE WAHREN FREUNDE KENNEN!

Panel 7: SCHAUEN SIE SICH DAS AN, COACH SIEGLER...

Panel 8: COACH SIEGLER?!?

Panel 9: WAS HAT DIESER ⌘☠⌘-TANKSTELLENSHOP, WAS WIR NICHT HABEN, COACH SIEGLER?

Panel 10: DAS SORTIMENT IST KLEINER UND DAZU NOCH TEURER ALS BEI UNS... ES MUSS ETWAS SINNLICHES SEIN...

Panel 11: VIELLEICHT EIN LOCK-DUFT... LOCK-DUFT!

Panel 12: BUAAH! WONACH STINKTS DENN HIER? BENZIN...

COACH SIEGLER: DER ERFOLG DIESES TANK-STELLENSHOPS SCHADET UNSEREM COSMOS...
Shnell Tank Shop
DIESER ZWERG MUSS WEG! WIR KAUFEN IHN AUF UND MACHEN IHN DANN DICHT!
RRR
WAS IST DAS?
EIN FAX...
RRRRR
EIN ÜBERNAHME-ANGEBOT: DER ZWERG WILL UNS KAUFEN!

PENG!
UND? BIST DU ZUFRIEDEN MIT DEINEM NEUEN HAARFESTIGER?

PIEP!
SCHLURP!
SCHON DIE 5. HEUTE...
NA SMEILI... WIE KOMMEN UNSERE NEUEN SLIMLINE-PIZZAS AN?

ACH KEVIN... WIR KOMMEN AUF KEINEN GRÜNEN ZWEIG...
KOPF HOCH, BÖ! VIELLEICHT SOLLTEN WIR INS MUSIKBUSINESS EINSTEIGEN...
DORT WIRD HEUTE DIE GROSSE KOHLE GEMACHT...
VERGISS ES, KEVIN... ICH HABE NUR NOTEN ZÄHLEN GELERNT...
... NICHT NOTEN LESEN...

MIT LIVE-SOUND STARTEN WIR UNSERE MUSIKKARRIERE!
?
ANDERSROM, BÖ! DIE FLÖTE GEHÖRT ZU DEN BLAS-INSTRUMENTEN...
?
SAUG!
SIE SIND SICH NOCH ZU STARK GEWOHNT, ALLES AUSZUSAUGEN!
!
SEUFZ... VERSUCHEN WIRS MIT PLAYBACK...
PAY BACK?

MONEY 4 NOTHING AND THE CHICKS...
4 FREE - ?
?
FLATSCH!
NICHTS WIE WEG HIER!
HIER GEBLIEBEN!
ICH VERKAUFE TOMATEN WIE WARMI WEGGLI!

MONEY, MONEY, ...
MON..-
FLATSCH!
FLATSCH!
IHR KÖNNT AUFHÖREN!
EUER ANTEIL, JUNGS! DANK EUCH GINGEN SOGAR DIE FAULEN TOMATEN WEG!

NICHT GERADE EIN SCHOGGI-JOB, SICH MIT TOMATEN BEWERFEN ZU LASSEN
IMMERHIN HABEN WIR ETWAS ESS-BARES VERDIENT!
DARAUS KOCH ICH UNS ETWAS FEINES!
HACK! HACK!
UND WAS?
GAZPACHO!

!?
PLING!

WESHALB MÜSSEN WIR BENISSIMO UNBEDINGT ZUSAMMEN ANSCHAUEN?
ÜBERRASCHUNG! ICH HABE 2 MILLIONENLOSE ERWISCHT UND EINES FÜR DICH AUSGEFÜLLT...
SCHÖN... ABER MÜSSTE ICH DANN NICHT BEI MIR
PSST! BENI SPRICHT!
MAL SEHEN, OB FRAU...ÄH... EVA TSCHRIDIK ZU HAUSE IST...
?!
DÜDELI DÜDELI

TUT MIR LEID, DASS ICH DIR DEINE BENISSIMO-MILLION VERMASSELT HABE, EVA...
..UND JETZT WOLLEN WIR SCHAUEN, OB OB FRAU...
...RUTH HANDSCHIN ZU HAUSE IST...
I... ICH?!?
DÜDELI DÜT!
SCHEINT AUCH NIEMAND ZU HAUSE ZU SEIN!
DÜDELI DÜDELI!

TYPISCH! DER TEUFEL SCHEISST IMMER AUF DEN GLEICHEN HAUFEN!
JA-JA..!
DAS LEBEN IST UNGERECHT!
GLÜCK KANN MAN NICHT KAUFEN!
DIE KANN DOCH GAR NICHT DAMIT UMGEHEN!
PSST! SIE KOMMT!
NA! WIE FÜHLT MAN SICH ALS BENISSIMO-MILLIONÄRIN?!
GRATULIERE VON HERZEN!
EIN PROSIT AUF RUTH!
!

DÜDEL
DÜDEL

G8...

WEISSER KÖNIG SCHLÄGT SCHWARZEN BAUERN!

WAS MACHEN DIE EIGENTLICH AN DIESEM G-8-GIPFEL?

GANZ EINFACH:

DIE VERWICKLUNGSLÄNDER WICKELN DIE EINWICKLUNG DER ENTWICKLUNGSLÄNDER AB!

AHA...

...UND WAS HAT DIE SCHWEIZ DAMIT ZU TUN?

WIR SIND QUASI DER WICKELTISCH!

GUTEN TAG... ICH BIN DIE BENISSIMO-MILLIONÄRIN... ICH WÜRDE GERN MEIN GELD ABHEBEN...
BANK
ICH MÖCHTE NÄMLICH HEUTE ABEND DARIN EIN BAD NEHMEN!
BANK
FUSSBAD ODER VOLL-BAD?
WIE BITTE?
WOLLEN SIE IHRE MILLION...
IN 1000ER ODER IN 10ER NOTEN?
BANK

SEIT RUTH IN IHRER BENISSIMO-MILLION BADET, HÖRT SIE NICHT MEHR GUT!
HAST DU SIE AUCH ANGE-PUMPT?

DANK MEINER BENISSIMO-MILLION KANN ICH ENDLICH EIN NEUES LEBEN ANFANGEN...
EINSCHNEIDENDE VERÄNDERUNGEN SIND ANGESAGT... ICH LÖSE MICH VON DER VERGANGENHEIT...
ICH WERDE EIN NEUER MENSCH!
HAST DU EINEN GURU GEFUNDEN?
DR. FREYTAG IST PLASTISCHER CHIRURG!

Panel 1: ACH EVA... ICH BIN JA SOOO GLÜCKLICH! *(BELLADONNA INSTITUT FÜR PLASTIK CHIRURGIE)*

Panel 2: VOR DER OPERATION WAR ICH DOCH EINFACH NUR...

Panel 3: "...DIE MIT DER HAKENNASE..."

Panel 4: UND JETZT? ?

Panel 5: ICH BIN GESPANNT, WAS DIE ANDEREN VON MEINER NEUEN NASE HALTEN...

Panel 6: WAS HABEN SIE EIGENTLICH MIT DEINER ALTEN NASE GEMACHT? BESTIMMT WEGGESCHMISSEN...

Panel 7: ODER KENNST DU EINEN MENSCHEN, DER MIT SOO EINEM DING...

Panel 8: ...RUMLAUFEN WILL? *(Michael Jacksons NEUE!)*

Panel 9: DU WIRKST SO NIEDERGESCHLAGEN, RUTH...

Panel 10: DU BIST MILLIONÄRIN, HAST DIR EINE NEUE NASE GELEISTET...

Panel 11: WAS WILLST DU NOCH MEHR?

Panel 12: OH NEIN! OH DOCH!

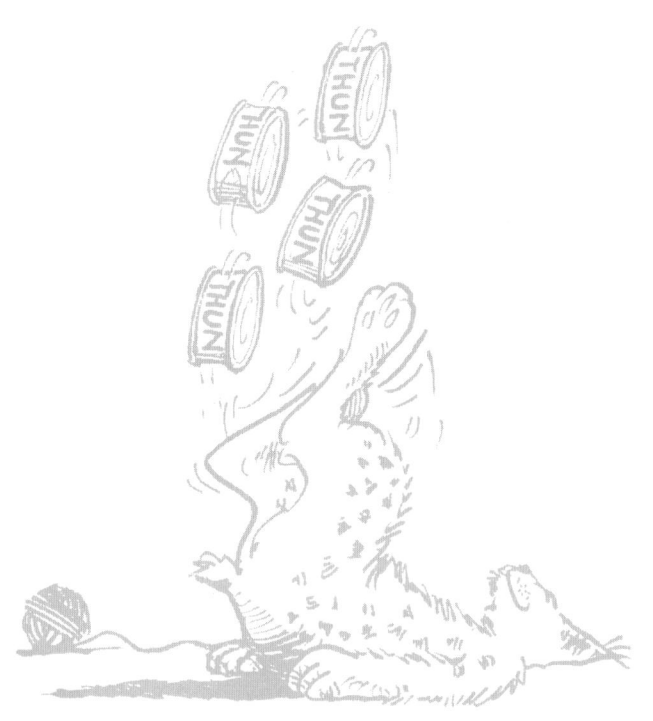

GROSI! UNS IST EIN BÜSI NACHGELAUFEN...	DÜRFEN WIR ES BEHALTEN?	DU WEISST DOCH, KEVIN... IN DER WOHNUNG SIND KEINE HAUSTIERE ERLAUBT...	ES IST KEIN HAUSTIER...

EUCH IST KEIN HAUSBÜSI NACHGELAUFEN, SONDERN EINE WILDKATZE [LYNX LYNX]...	EIN LUCHS GEHÖRT IN DIE WILDNIS... DER BRAUCHT UNHEIMLICH VIEL BEWEGUNG UND EIN RIESENGROSSES REVIER...	DER KANN SICH HIER UNMÖGLICH...	WOHLFÜHLEN..! DENKSTE!

Panel 1: ÜBER DEN LUCHS UND SEINE BEDÜRFNISSE REDEN WIR MORGEN WEITER... SCHLAFT JETZT... GOET NACHT!

Panel 3: PENG! PENG! HARRY...

Panel 4: ..HOL DEN WAGEN... W... WER HAT JETZT DEN FERNSEHER ANGESTELLT?!? LUCHSE SIND NACHTAKTIV, GROSI...!

Panel 5: WIR HABEN SCHON STADTFÜCHSE HIER... WIR BRAUCHEN NICHT AUCH NOCH EINEN...

Panel 6: ...DEGENERIERTEN UND ZIVILISATIONSGESCHÄDIGTEN STADTLUCHS! STIMMT GAR NICHT, GROSI...

Panel 7: TURO VERHÄLT SICH WIE EINE NORMALE KATZE... ER SPIELT AUCH MIT SEINER...

Panel 8: ...BEUTE! THUN THUN THUN THUN

Panel 9: MANU... MACH VORWÄRTS! ICH MÖCHTE AUCH NOCH DUSCHEN!

Panel 10: UND WAS IST DAS DA?

Panel 11: TURO DUSCHT IMMER OHNE SEINEN SENDER...

Panel 12: SENDER?!? EIN WUNDER, DASS DIE VOM BUWAL NOCH NICHT HIER AUFGETAUCHT SIND... DING DONG!

DING-DONG
PIZZA KURIER!
!?
1 x TONNO E POLLO MIT VIEL PROSCIUTTO...
HAT JEMAND VON EUCH EINE PIZZA BESTELLT?
NÖ..!
LEIDER NICHT...
... UND EXTRA TOPOLINO...
!
HÖCHSTE ZEIT, DASS UNSER GARFIELD AUSGEWILDERT WIRD... UND ICH WEISS AUCH SCHON WIE..!

BUWAL
BUWAL
DA! ICH HAB IHN! EIN SIGNAL VON TUROS SENDE-HALSBAND!
BIEP!
DAS LUCHS-PROJEKT IST GERETTET!
ER BEWEGT SICH!
BIEP!
BIEP!
BIEP!
BUWAL
UND WIE!
MIT ÜBER 80 SACHEN!
SZU

SODELI, TURO: HIER IST DEIN NEUES, ALTES ZUHAUSE!
NA LOS! HAU AB! HÖRST DU DEN RUF DER WILDNIS NICHT MEHR?!?
SEUFZ...
SCHNURR!
OK... 5 MINUTEN VON HIER GIBTS EINEN KEBAB-STAND!
!
SO EINE RENATURIERUNG IST KOMPLEXER ALS ICH DACHTE...

ICH HÄTTE GERNE EINE WASSER-WAAGE...
ffeur Wolfgang
ZUFRIEDEN?
19-6.

?
WOHER HAST DU DIESES BILD?
?
SCHON DAS ZWEITE BILD DIESE WOCHE!
BESTIMMT PUBER-TIERENDE GÖREN!
Wasser
UNSER BADMEISTERTEAM
O.Hack
A.Caminada
20-6:

DAS WIRD EIN TRAUMTAG HEUTE! BIS ZU 30 GRAD, MEINT BUCHELI!
IDEAL FÜR UNSER PICKNICK!
SOLLEN WIR DEN REGENSCHUTZ TROTZDEM EIN-PACKEN?
NEIN... ANZIEHEN!
GIBTS REGEN?
NEIN...
...ZECKEN!

Panel 1: HIER GEHTS ZU DEN FEUERSTELLEN...

Panel 2: Schwerzer Familie Feuerstelle — Ausländer Familie Feuerstelle

Panel 3: DIE SERVELATS SIND BALD FERTIG... — HMM... SERVELATS...

Panel 4: SCHWARTEN, NITRATPÖCKELSALZ, DIPHOSPHATE, NATRIUMNITRIT, NATRIUMGLUTAMAT, ASCORBINSÄURE... — HÖR AUF!

Panel 5: DU HAST MIR DEN APPETIT VERDORBEN.. — WER WILL MEINEN SERVELAT? — ICH!

Panel 6: ES KLAPPT J-E-D-E-S-M-A-L!

Panel 7: ?!

Panel 8: (silent)

Panel 9: ?

Panel 10: ?

KUCKUCK!
HÖRT IHR?
WAS IST DAS?
KUCKUCK!
TOCKTOCKTOCKTOCK!
SPECHT!
ZIWITT! ZIWITT!
ZAUN-KÖNIG!
HEULDRÖHN WUMM!
RAHMSTEIN!

UNERHÖRT, DIESER LÄRM!
HEULDRÖHN WUMM
PSST, DA KOMMT EINER!
GRÖHL!
GUTEN TAG, DIE DAMEN... WIR FEIERN DA DRÜBEN EIN BISSCHEN...
RÖHN
GRÖHL!
FALLS ES SIE STÖRT, SAGEN SIE ES EINFACH...
STAMPF
SO HÖFLICH HAT MIR NOCH NIE JEMAND PRÜGEL ANGEDROHT...
RÜLPS

AUCH DAS NOCH...
ZUERST TROPISCH HEISS... DANN TROPISCH FEUCHT... UND DA HINTEN EINE HORDE VON HALBAFFEN...
JA WO SIND WIR DENN ÜBERHAUPT?
MASOALA-HALLE

DAS WAREN DIE MITTAGS-NACHRICHTEN...
FRÜHER HABEN SIE UNS NOCH JEDEN TAG INFORMIERT...
WENN DIE OZON-GRENZWERTE ÜBER-SCHRITTEN WURDEN...
UND HEUTE?
NUR NOCH, WENN SIE...
...UNTERSCHRITTEN WERDEN...

HILFE!
BOUW
WAS WAR DAS?
EIN DREIFACHER DOSE...

HERR DOKTOR?! SIE SEHEN SO NIEDERGE-SCHLAGEN AUS!
DENKEN SIE MEHR AN SICH! GÖNNEN SIE SICH EINE KLEINE FREUDE!
BSSBSS BSS!
ICH MACHE MIR SORGEN... NICHT MAL MEHR PERSONAL ENTLASSEN STELLT IHN AUF!

WAS IST DAS, COACH SIEGLER?
UNSER NEUES COSMOS-CORPORATE-DESIGN!
BRAUCHEN WIR DAS?
BRANDING IS EVERYTHING! IN ZÜRICH IST UNIQUE SEIN EIN MUST!
...UND WIE SIEHTS AUS MIT DEM COPYRIGHT?
GUTE FRAGE!
©

VIELEN DANK! SO GLÜCKLICH SAH ER NOCH NIE AUS!
COOL POOL
SPEZIAL-ANFERTIGUNGEN

UNSER UMSATZ IST IM KELLER, UND MARGE IST EIN FREMDWORT!
ICH VERLANGE INNOVATIVE, KREATIVE UND VISIONÄRE LÖSUNGEN!
KOMMEN SIE MIR ALSO NICHT MIT "10 STELLEN STREICHEN!
SIE STREICHEN 11 STELLEN!
©
COSMOS OPTIMIERT:

HA... TSCHI!!
GESUNDHEIT!

BAD MEISTER

BAD MEISTER
!
CLAC!
AUA!
JETZT ÜBERTREIBT ERS ABER MIT SEINEM HEISSEN HINTERN!
?
ZISCH!

LX 2150... HÖHE 145... IM SINKFLUG...
GERN GESCHEHEN... BIS DANN...
?
WER WAR DAS?
ACH, WIEDER EINER VON SKYGUIDE...
SIE HABEN DIE TEST-SÜDANFLÜGE NOCH NICHT IM GRIFF..
??!

HA! UNSER HAUS IST GEGEN SÜDANFLÜGE BESTENS GEWAPPNET...
UNS FLIEGEN GARANTIERT...
... KEINE ZIEGEL WEG!
DRÖHN
?
?

FEST-HALTEN, SABRINA, GÄLL!
SA...!?
SCHWUPP!
ZUM GLÜCK HANNIS VÖGALI KÖNNA FANGA!
?!
BAD MASTER
JETZT ICH!
NEIN, ICH!

SPERRGUT?
OH JA!
WEG MIT DIESEM ALTEN MÜLL!
?
UPS!
KLIRR!
WOW! WER IST DAS?
EIN VORFAHRE VON UNS... DER GRAF VON MONTE...
...CHRISTO?
...NEGRO!

WENN DER GRAF VON MONTE NEGRO UNSER URAHN IST...
...WIESO HAST DU MIR NIE DAVON ERZÄHLT?
WEIL ES EIN TRAUERSPIEL IST...
...UM LEIDENSCHAFT, SCHULD, SÜHNE, HORMONE, INTRIGEN, BLUT, MACHT, DUELLE, RACHE...
KLINGT NACH DIETER BOHLEN...
NOCH SCHLIMMER: DAMALS HIESS ER MATTHEW GLANS...
AB MORGEN: DER GROSSE SOMMERROMAN!

MATTHEW GLANS
IN
DER GRAF VON MONTE NEGRO
SVETI STEFAN, 1760
Matthew Glans, der König der 7 Meere, läuft im Heimathafen ein... Zurück von einer gefährlichen Mission, die nur ein Mann mit Bravour und Verve erfüllen konnte:
Matthew Glans!
ANKER WERFEN!
DAS MUSS ER SEIN!

Sveti Stefan, 1760

MATTHEW, DA SIND ZWEI DAMEN, DIE DICH SPRECHEN MÖCHTEN...

TIROS BAR

MISTER GLANS... WIR KOMMEN ZU IHNEN IN EINER ANGELEGENHEIT, DIE GRÖSSTE DISKRETION VERLANGT! NIEMAND DARF DAVON ERFAHREN!

SETZT EUCH!

ES HANDELT SICH UM... TUSCHEL TUSCHEL...

?!

EINE... SCHATZ- INSEL?!?

ICH BEZWEIFLE, OB ER DER RICHTIGE IST..?!

UND DIE DAMEN SIND ABSOLUT SICHER, DASS DIES EINE SCHATZKARTE IST?

TODSICHER! WIR HABEN SIE HINTER EINEM BILD UNSERS VORFAHREN, DEM GRAFEN VON MONTE NEGRO GEFUNDEN...

NIEMAND WEISS, WAS DAMALS MIT SEINEM VERMÖGEN PASSIERTE!

WICHTIG IST JETZT, DASS...

SCH... ARTE

...NIEMAND VON DER SACHE WIND KRIEGT!

WORAUF SIE SICH VERLASSEN KÖNNEN!

OH MAMI! DAS HÄTT' ICH MIR NIE TRÄUMEN LASSEN: WIR BEIDE MIT MATTHEW GLANS AUF SCHATZSUCHE!

SCHAU IHN DIR NUR AN: WENN ER SO AN SEINEM SEXTANTEN RUMFUMMELT, DA KÖNNTE ICH...

VERGISS ES!

ICH GLAUBE NICHT, DASS MATTHEW GLANS...

AUF MÄNNER WIE DICH STEHT...

SCHEISS- FRAUENVERBOT AN BORD!

SPANISCHE GALEONE ACHTER-AUS!
WER KANN DAS SEIN?
MAL SEHEN, WER ES WAGT, SICH SO LEICHTFERTIG AN MEIN HECK ZU HEFTEN!
ES IST DIE "COSMOS" VON DON VASSELLO DE ARROGAN...
KLAR SCHIFF ZUM KÄMPFEN?
NEIN... BETEN!

WER IST DIESER DON VASSELLO DE ARROGAN?
EIN GEFÜRCHTETER NEOLIBERALER KAUFMANN... MAN NENNT IHN AUCH "CHIEF EXECUTION OFFICER"...
ALSO EIN PIRAT!
ER MUSS VON UNSERER SCHATZSUCHE WIND GEKRIEGT HABEN...
LAND VOR-AUS!
DAS MUSS DIE SCHATZ-INSEL SEIN!
WIE KOMMT IHR DARAUF?

WIR MÜSSEN UNBEDINGT VOR DON VASSELLO AN DEN SCHATZ KOMMEN!
HIER MUSS ER SEIN!
SCHNELL! GRABEN!
Stunden später.....
DA! EINE... EINE TRUHE!
DAS FREUT MICH ABER AUSSERORDENTLICH!
DON VASSELLO!

Panel 1 (Strip 1):
- HER MIT DEM SCHATZ, MATTHEW CLANS!
- NUR ÜBER MEINE LEICHE!
- MATTHEW! MATTHEW!
- KLING! KLING! KLING!
- ZING! MATT...
- STIRB, FEIGLING!
- MOMENT!
- ?

Panel 2 (Strip 2):
- HA! IHR WAGT ES, MICH, DON VASSELLO DE ARROGAN, HERAUSZUFORDERN?
- BEDENKT, DASS ICH IN DER FECHTSCHULE DES EHRWÜRDIGEN MEISTERS DON SANGRE ZU CORDOBA MEIN SUMMA CUM DEGEN GEMACHT HABE...
- DANN WISST IHR BESTIMMT AUCH, BEI WEM DON SANGRE DAMALS SEIN SUMMA CUM DEGEN GEMACHT HAT...
- BEI SEINEM GROSSVATER...
- NEIN! BEI MEINEM!

Panel 3 (Strip 3):
- Parade de seconde au dessous de l'espie...
- Riposte, contre-riposte...
- Parade de quatre dessous les armes...
- ÖFFNE SCHON MAL DIE SCHATZTRUHE, MANU... ICH LANGWEILE MICH HIER ZU TODE!

MAMI! ICH BRINGE DAS SCHLOSS DER SCHATZTRUHE NICHT AUF!
GEH ZUR SEITE!
MAMI?!?
EINE... FRAU?!
BLAM!
WAS IST DRIN?
NUR... BRIEFE!
SCHATZ-BRIEFE?!?
SCHULD-BRIEFE!
SCHULDBRIEFE IN EINER SCHATZTRUHE AUF EINER SCHATZ-INSEL ???
DANN WAR DIE SCHATZKARTE UNSERES VORFAHREN GAR KEINE SCHATZKARTE...
SONDERN EINE SCHULD-KARTE...
"Verehrter Finder! Ich war ein einfacher Graf, bis ich mich einem Schenkkreis anschloss, der mich und meine Familie in den Ruin trieb... Diese Schuldbriefe dürfen nie in fremde Hände gelangen – meine Nachfahren sollen von Schuld befreit bleiben..."
NIMMT MICH JA WUNDER, WER ZUOBERST AUF DER LISTE VON DIESEM SCHENKKREIS WAR...
MEINE FAMILIE!
ENDLICH SIND DIE VERLOREN GEGLAUBTEN SCHULDBRIEFE GEFUNDEN... SOMIT SEID IHR VERPFLICHTET, ALLE SCHULDEN DES GRAFEN VON MONTE NEGRO...
...ZU BEGLEICHEN!
?
HIER! GELOCHT UND SOMIT BEZAHLT!
GEHEN WIR!
SO BILLIG KOMMT IHR MIR NICHT DAVON...
DAFÜR BEZAHLT IHR MIT EUREM...
?
LEBEN!
HE! NORMALERWEISE NIMMT MAN DOCH FRAUEN ALS GEISELN!

LADY FIRST! HABT IHR NOCH EINEN LETZTEN WUNSCH?
JA... NICHT OHNE MEINE TOCHTER!
?
HAT DAS FRÄULEIN TOCHTER AUCH NOCH EINEN LETZTEN WUNSCH?
JA... NICHT OHNE MATTHEW GLANS!
GEWÄHRT!
?
SPRINGT ENDLICH!
COSMOS
?

DIESE BRUT SIND WIR LOS! ANKER LICHTEN!
AYE AYE, CAPTAIN!
BONK! BONK!
WAS... WAS IST DAS?
?
LECK MIT-SCHIFFS!
WIR LAUFEN VOLL!
UN-MÖGLICH!
BONK!

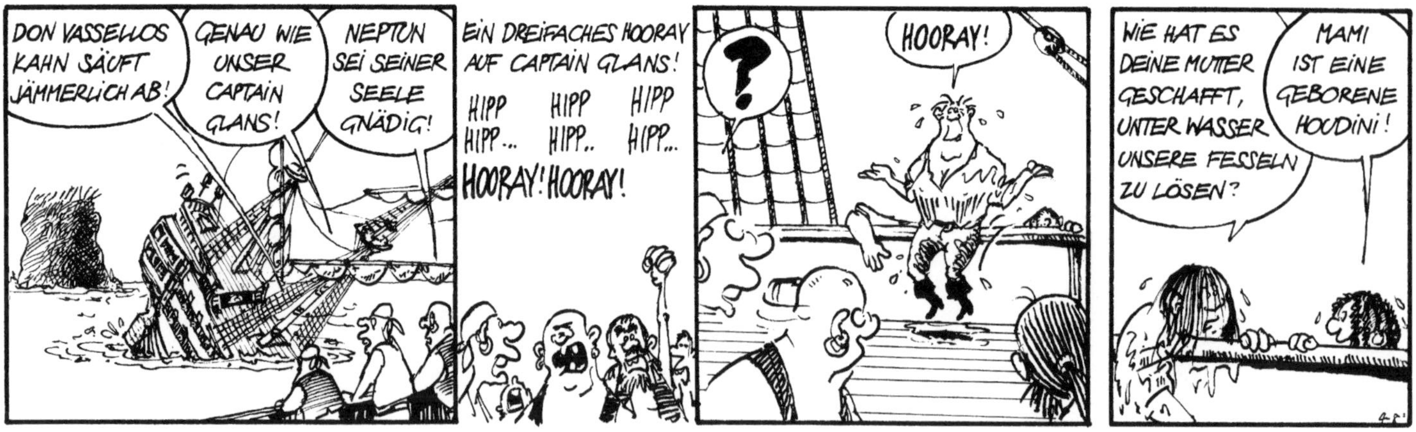
DON VASSELLOS KAHN SÄUFT JÄMMERLICH AB!
GENAU WIE UNSER CAPTAIN GLANS!
NEPTUN SEI SEINER SEELE GNÄDIG!
EIN DREIFACHES HOORAY AUF CAPTAIN GLANS!
HIPP HIPP HIPP
HIPP... HIPP.. HIPP...
HOORAY! HOORAY!
?
HOORAY!
WIE HAT ES DEINE MUTTER GESCHAFFT, UNTER WASSER UNSERE FESSELN ZU LÖSEN?
MAMI IST EINE GEBORENE HOUDINI!

MEINE DAMEN: DAS IST DER BEGINN EINER WUNDERBAREN...
LIEBE?!
LIEBE?!
ÄH... FREUNDSCHAFT!
The End
WOW! UND DAS WAR DIE GANZE GESCHICHTE UM DEN "SCHATZ" DES GRAFEN VON MONTE NEGRO?
NICHT GANZ: ES GIBT NOCH EIN NACHWORT... LEIDER!
RACHE!
SMOS

MATTHEW GLANS
DER GRAF VON MONTENEGRO

SNIFF! SNIFF?
RIECHST DU DAS AUCH?
SONNEN-ÖL?
SNIFF!
FRITTIER-ÖL!
18-8

VOR DEM LADEN STEHT EIN TYP UND SAMMELT UNTERSCHRIFTEN... WEISST DU WOFÜR?
ER WILL...
... VAISSELLE EINE SAMMELKLAGE ANHÄNGEN UND VERLANGT SCHADENERSATZ FÜR GESTOHLENE LEBENSZEIT...
COSMOS
SAMMELKLAGE
GESTOHLENE LEBENSZEIT?
JA: ZEIT, DIE ER BEIM WARTEN AN UNSEREN KASSEN JEWEILS VERLIERT UND DIE ER SINNVOLLER EINSETZEN KÖNNTE...
ZUM BEISPIEL?
...FÜR EINE SAMMELKLAGE?!
19-8

TSCHULDIGUNG: UNTERSCHREIBEN SIE AUCH DIESE SAMMELKLAGE?
KEINE ZEIT!
COSMOS
SAMMELKLAGE
GENAU DARUM GEHTS: DIE STEHLEN UNS HIER DIE ZEIT AN DEN KASSEN... UND ZEIT IST GELD!
GANZ MEINE MEINUNG!
MACHT 15.20...
WOFÜR?
FÜR DIE ZEIT, DIE SIE MIR GERADE GESTOHLEN HABEN...
20-8

EINE... SAMMEL-KLAGE?
WIR STEHLEN DEN KUNDEN WERTVOLLE LEBENSZEIT, WEIL SIE AN DEN KASSEN ANSTEHEN MÜSSEN...
FÜR ALL DIE VERLORENE ZEIT VERLANGEN DIE KLÄGER ZUSAMMENGERECHNET 2,5 MILLIARDEN DOLLARS...
WIR WERDEN UNS VOR GERICHT VERANTWORTEN MÜSSEN!
WIR?! WIESO **WIR**?!?
EINE GERICHTLICHE VORLADUNG?!?

WIR SIND..... ANGE-KLAGT?!?
JAWOHL... WEGEN DIEBSTAHL VON LEBENSZEIT AN UNSEREN KASSEN...
DAS STEHEN WIR NUR DURCH, WENN WIR WIE **EINE** FRAU ZUSAMMENHALTEN...
DENN NUR GEMEINSAM SIND WIR...
ST...-?!
FRAU GRDJIC WIRD DIE KASSIERINNEN VOR GERICHT VERTRETEN!
MIST...

ICH STAND NOCH NIE VOR EINEM SCHWEI-ZER GERICHT... WAS SOLL ICH ANZIEHEN?
ROT WIRKT ZU AGGRES-SIV...
WEISS ZU SCHEIN-HEILIG...
DAS KLEINE SCHWARZE?
ZU ANBIEDERND... DER RICHTER TRÄGT DAS **GROSSE** SCHWARZE...
UND DAS?
SIEHT EIN BISSCHEN NACH VORVERURTEILUNG AUS...

Panel 1: FRAU GRDJIC: STELLVERTRETEND FÜR ALLE KASSIERINNEN WERDEN SIE DES MEHRFACHEN DIEBSTAHLS VON LEBENSZEIT ANGEKLAGT! HERR STAATSANWALT..?! *RÄUSPER*

Panel 2: EIN KUNDE, DER TÄGLICH 7 MINUTEN AN EINER KASSE ANSTEHEN MUSS, VERLIERT SO IN EINEM JAHR ÜBER 40 STUNDEN WERTVOLLE LEBENSZEIT...

Panel 3: DAS MACHT HOCHGERECHNET AUF DIE GANZE SCHWEIZ ÜBER 280 MILLIONEN STUNDEN! JEDE GESTOHLENE MINUTE HAT AUSWIRKUNGEN AUF...

Panel 4: ...DAS BRUTTOSOZIALPRODUKT... WEGEN ZEITRÄUBERN WIE IHNEN IST DIE SCHWEIZ NICHT MEHR WETTBEWERBSFÄHIG!

Panel 5: 7 MINUTEN PAUSE! — EINSPRUCH! *BONK!* ?

Panel 6: EUER EHREN: ALS VERTRETERIN DER ANGEKLAGTEN KASSIERINNEN PLÄDIERE ICH AUF FREISPRUCH...

Panel 7: DAS GERICHT MUSS UNS EINE KAUSALE SCHULD NACHWEISEN KÖNNEN. ICH VERLANGE DESHALB FOLGENDES:

Panel 8: DAS IST DAS LETZTE MAL, DASS ICH DER REKONSTRUKTION EINES FALLES AM TATORT... *COSI*

Panel 9: ...ZUSTIMME... DIE STORNOTASTE IST HIER, EUER EHREN! — GEHTS NOCH LANGSAMER? — DER KERL KLAUT UNS LEBENSZEIT!

Panel 10: HÜT AM ABE DISKUTIERE MIR IM CLUB, OB ME EIM LÄBESZYT CHA ROUBE UND WENN JA, OB MIR ÜS MÜE AAFRÜNDE, WÄGE SOMENE DIEBSTAHL AAKLAGT ZWÄRDE...

Panel 11: D'GÄSCHT WOMER IIGLADE HEI SIND DR NICOLAS HAYEK, E PROFI WENNS UM ZYT GEIT... DE ROSCHE KÖPPEL, WO SICH SÄUBER IIGLADE HET... DE FILOSOF ALAIN DÖ BOTTON... ÜSERI JUSTIZMINISTERI D'BUNDESRÖTIN RUTH METZLER...

Panel 12: ...UND LÄST-BÖT-NOTLIIST D'EVA GRITSCHIK, WO MOMENTAN WÄGE DIEBSTAHL VO LÄBESZYT VOR GRICHT STEIT... ÜSERI GÄSCHT HEI LEIDER...

Panel 13: AOUI ABGSEIT, WILL SI SICH KENNER ZYT HEI WÖLLE NÄ... I WÜNSCHE INE E SCHÖNE ABE... DANKE FÜRS ZUELUEGE!

Strip 1:

Panel 1: WERDEN WIR BALD MIT SAMMELKLAGEN WEGEN DIEBSTAHLS VON LEBENSZEIT ÜBERROLLT? (Lebenszeit-klau)

Panel 2: DIE GANZE SCHWEIZ WARTET AUF DAS URTEIL IN EINEM FALL, DER PRÄJUDIZWIRKUNG HABEN KÖNNTE...

Panel 3: WEIL ICH IHNEN KEINE LEBENSZEIT MEHR KLAUEN WILL, VERZICHTE ICH AUFS REIMEN UND BIN FÜR 1x STILL! GUTEN ABEND!

Panel 4: UND?! EINSCHALTQUOTE? — 200'000!! ANKLAGEN!

Strip 2:

Panel 1: HOHES GERICHT: ALS STELLVERTRETERIN ALLER ANGEKLAGTEN KASSIERINNEN WILL ICH IN MEINEM PLÄDOYER AUFZEIGEN, WAS DIEBSTAHL VON LEBENSZEIT WIRKLICH BEDEUTET! PUNKT 1:

Panel 2: ...UND DEMZUFOLGE... (GERICHT)

Panel 3: ..WIE PLATO ES AUSZUDRÜCKEN PFLEGTE... (GERICHT)

Panel 4: BLABLABLA... (GERICHT)

Panel 5: SOWEIT PUNKT 1... ICH KOMME JETZT ZU PUNKT 2... GNADE! (GERICHT)

Strip 3:

Panel 1: ICH KOMME JETZT ZU PUNKT 4 DER VERTEIDIGUNG IN SACHEN DIEBSTAHL VON LEBENSZEIT... — STOPP! ZU MIR!

Panel 2: LIEBE FRAU GRDJIC: IHR PLÄDOYER IN EHREN... ABER NOCHMALS 1 WOCHE UND ICH KLAGE SIE PERSÖNLICH AN WEGEN DIEBSTAHL VON MEINER LEBENSZEIT!

Panel 3: UND WAS HABEN SIE ZU BIETEN WENN ICH AUFHÖRE? — GRRR!

Panel 4: ..UND WOMIT HAT DER RICHTER UNSEREN FREISPRUCH BEGRÜNDET? — IN DUBIO PRO EVA!

Strip 1:
- WOW! TOLL, DIESES TOP! OB MIR DAS STEHEN WÜRDE?
- DIR BESTIMMT,... SEUFZ...
- ACH EVA... VERGISS DOCH DIE ÄUSSERLICHKEITEN...
- DAS EINZIGE, WAS ZÄHLT, SIND DIE INNEREN WERTE...
- VON DENEN HABE ICH ALLERDINGS EIN PAAR KILOS ZU VIEL...

Strip 2:
- ICH MÖCHTE MEINE HAARE TÖNEN...
- EINE FRECHE HERBSTFARBE..! ?!
- TAFELSILBER! TAFELSILBER??
- PASST ZU GÄBELI...

Strip 3:
- SEHT EUCH MAL DIESE SCHWEINEREI AN! DER GANZE WEG VOLLER GLUT UND SCHERBEN!
- ALLES VOLLDEPPEN MIT EINEM BESCHRÄNKTEN BEWUSSTSEIN!
- ...UND JETZT KOMMEN WIR ZUM HÖHEPUNKT UNSERES BEWUSSTSEINSERWEITERUNGS-SEMINARS: DEM KOMBINIERTEN FEUER- UND SCHERBENLAUF! ?

Strip 1:

Panel 1: ALLE JAMMERN ÜBER DIE WIRTSCHAFTSKRISE, ABER KEIN SCHWEIN JAMMERT ÜBER DEN KATASTROPHALEN ZUSTAND DIESES PLANETEN!

Panel 2: DIE POLE SCHMELZEN, DIE OZONBELASTUNG STEIGT, TÄGLICH VERABSCHIEDEN SICH ZIG TIERARTEN AUF NIMMERWIEDERSEHEN...

Panel 3: ...UND IHR SITZT HIER UND TRINKT NICHT MAL MAX HAVELAAR-KAFFEE!

Panel 4: WAS WAR DAS? / SEINE PUBERTÄT...

Strip 2:

Panel 1: DEINE SORGEN UM DIE ZUKUNFT DER ERDE SIND VERSTÄNDLICH, KEVIN...

Panel 2: AUCH, DASS DU DIR GEDANKEN ÜBER DIE KOMMENDE GENERATION MACHST, FINDE ICH TOLL...

Panel 3: ES IST JEDOCH WISSENSCHAFTLICH NICHT ERWIESEN, DASS DIE GLOBALE ERWÄRMUNG EINEN NEGATIVEN EINFLUSS AUF DIE QUALITÄT...

Panel 4: DEINES SPERMAS HABEN KÖNNTE... / OFF!

Strip 3:

Panel 1: UMWELTVERTRÄGLICHKEIT BEGINNT IN DEN EIGENEN 4 WÄNDEN! ICH SCHLAGE DARUM EIN 3-PUNKTE-PROGRAMM VOR:

Panel 2: 1. Das WC nur noch 1mal täglich spülen. 2. Wäsche doppelt so lange tragen. 3. Rohkost essen = Strom sparen.

Panel 3: VERGESST NIE: WENN SICH ALLE SO VERHALTEN WÜRDEN WIE IHR, BRÄUCHTEN WIR 2,7 PLANETEN!

Panel 4: FRÜHER WAR ER FÜR SEINE UMWELT VERTRÄGLICHER...

Panel 1: NA, KEVIN – DU ÖKOSUPERHELD... DU WILLST ALSO DIE WELT RETTEN? — EINER MUSS ES JA TUN...

Panel 2: WAS SIND DENN DEINE SUPERHELDEN-FÄHIGKEITEN...

Panel 3: ...IN SACHEN ÖKO?

Panel 4: ÖKONOMISCHES DENKEN! — HAUPTSACHE ÖKO...

Panel 5: ALS MITTELLOSER ÖKO-SUPERHELD KANN ICH MEINE BOTSCHAFT NUR MIT MASSENMAILS VERBREITEN...

Panel 6: DAZU BRAUCHE ICH EINEN STARKEN DOMAIN-NAMEN, DER INTERNATIONAL KLINGT, JEDERMANN VERSTEHT UND DER ÖKOLOGIE UND ÖKONOMIE BEINHALTET...

Panel 7: (Gedankenblase mit Glühbirne)

Panel 8: ...greenspam.ch — Domainname noch frei. — TACADAC! TACADAC!

www.greenspam.ch.

Strip 1:

- ACHTUNG: HIER KOMMT GREENSPAM — DER RETTER DES PLANETEN!
- IST DAS NICHT MEIN GÜRTEL?
- MEINE STRUMPFHOSEN!
- WIR ALLE MÜSSEN OPFER BRINGEN FÜR DIE UMWELT...!
- WO SIND MEINE GARDINEN?

Strip 2:

- KEVIN IST EIN WENDEHALS... VOR ZWEI WOCHEN DEALTE ER NOCH MIT CHEMIE- UND ÖLAKTIEN...
- ...UND HEUTE WILL ER ALS ÖKOHELD DIE WELT RETTEN...
- KEVIN WÄRE DER GEBORENE POLITIKER! / WÄRE?!
- ER KANDIDIERT FÜR DEN NATIONALRAT!

Strip 3:

- KEVIN WILL JETZT IN DEN NATIONALRAT!
- ALS GREENSPAM? / JA... ER MEINT, SEINE ÖKOLOGISCHEN ANLIEGEN FORDERN POLITISCHE LÖSUNGEN!
- IST ER DAFÜR NICHT EIN BISSCHEN ZU JUNG?
- FÜR **DEN** KINDERGARTEN?

ICH MACHE MIR SORGEN UM KEVINS PUBERTÄTSSCHUB! ER GLAUBT WIRKLICH, DASS ER MIT SEINER ...
ZAPP!
... SUPERHELDEN-MASCHE CHANCEN HAT, IN DIE POLITIK EINZUSTEIGEN!
KEVIN LIEGT IM TREND...
DIE LEUTE LECHZEN NACH SUPERHELDEN...
WIE KOMMST DU DARAUF?
NEUES VON DEN GOUVERNEURS-WAHLEN IN KALIFORNIEN...

MEIN ÄLTESTER IST JETZT VOLL IN DER PUBERTÄT: ER TRINKT KEINE ALKOPOPS MEHR, SONDERN RICHTIGEN ALK, UND ER KIFFT AUCH NICHT MEHR HEIMLICH...
LETZTE NACHT HAT ER MIR IN DREI ZIMMERN DIE TEPPICHE VOLLGEKOTZT...
BUÄÄH!
KEVIN IST AUCH IN DER PUBERTÄT...
ER WILL JETZT IN DIE POLITIK!
EVA BLEIBT WIRKLICH NICHTS ERSPART!

KEVIN: ALS ÖKONOMIE-SPEZIALIST WEISST DU, DASS AUCH EIN ÖKOLOGISCHER...
...WAHLKAMPF EINEN HAUFEN GELD KOSTET!
KEIN PROBLEM FÜR GREENSPAM! EIN PAAR TELEFONE WERDEN GENÜGEN...
SCHLIESSLICH GEHT ES UM DIE RETTUNG DER WELT!
FORGET IT MR. GREENSPAM! ICH HABE GENUG ZU TUN, UM MEINEN COSMOS ZU RETTEN!

Panel 1: NA, MR. GREENSPAM: SCHON ÜBERLEGT, MIT WELCHER TAKTIK DU DEINEN WAHLKAMPF ERÖFFNEN WILLST...

Panel 2: CLARO! ALS ERSTES WERDE ICH DIE SVP EINKLAGEN... — WEGEN IHREM RASSISTISCHEN WAHLSTIL?

Panel 3: NEIN... ALS HAUPTVERURSACHERIN DER KLIMAERWÄRMUNG – DIE LASSEN...

Panel 4: ...ZU VIEL WARME LUFT RAUS!

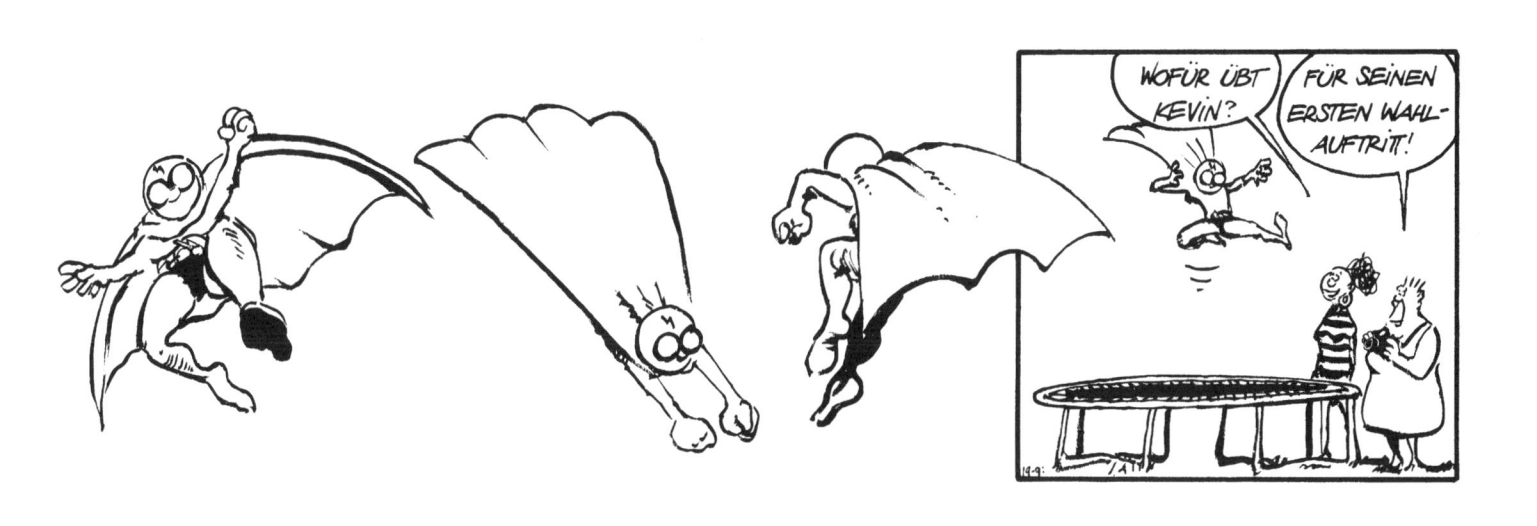

Panel: WOFÜR ÜBT KEVIN? — FÜR SEINEN ERSTEN WAHLAUFTRITT!

Panel: SORRY... ABER ES WAR DAS EINZIGE MAL, DASS DU DICH NICHT BEWEGT HAST!

SODELI: GREENSPAM WIRD JETZT SEINEM NAMEN GERECHT...
... UND WIRD ALS MASSENMAIL SEINE BOTSCHAFT VERBREITEN!
TYPISCH KEVIN! MACHT AUF ÖKO, VERGISST ABER SEINEN COMPUTER AUSZUSCHALTEN!
ZOMP!
SHIT!

GREENSPAM, DAS ÖKOLOGISCHE MASSENMAIL, WIRD MASSENMAILKOMPATIBEL GEMACHT...
FÜR DIESEN PROZESS WIRD GREENSPAM KOMPRIMIERT.
HEY??
MIT ANDEREN WORTEN: DIE HARDWARE...
MOMENT MAL!
BRINGT DIE SOFTWARE...
HILFE!
... AUF DEN PUNKT!
MAMA!

GREENSPAM UNTERWEGS IM VIRTUELLEN RAUM!
NA JUNGE: NEU IM AUSSENDIENST?
JA... ICH BIN GREENSPAM, EIN ÖKOLOGISCHES MASSENMAIL!
AUCH EIN MAILBOXVERSTOPFER! WILLKOMMEN IM CLUB!
WAS BIETET IHR AN?
ALLE DAS GLEICHE:
PENISVERGRÖSSERUNGEN...

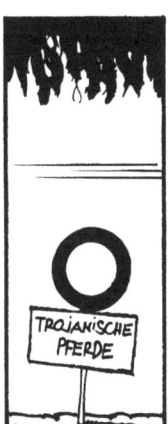

Strip 1:

Panel 1: GREENSPAM, DAS ÖKOLOGISCHE MASSENMAIL, TRIFFT IM VIRTUELLEN RAUM AUF EINE UNDURCHDRINGBARE FIREWALL! ?!

Panel 2: SPAM

Panel 3: WÜRMER

Panel 4: VIREN

Panel 5: TROJANISCHE PFERDE

Panel 6: HOAXES !

Panel 7: SICHERHEITSLOCH

Strip 2:

Panel 1: GREENSPAM BEGEGNET IM VIRTUELLEN RAUM EINEM LUSTIGEN TIER! ?!

Panel 2: DAS MUSS DER NACHFOLGER VON SOBIG.F SEIN... !?

Panel 3: NATURSCHUTZ HÖRT IM COMPUTER AUF!

Panel 4: GREENSPAM HAT SOEBEN DIE WELT VON SOBIG.G BEFREIT! SOBIG XL POCH! POCH!

Strip 3:

Panel 1: SO BIG HAT SICH GREENSPAM SOBIG XL NICHT VORGESTELLT! SCHLUCK!

Panel 2: REICHEN GREENSPAMS ÖKOSUPERKRÄFTE GEGEN DIESES MONSTER?

Panel 3: WIE GEHT ES IHM, DOKTOR NORTON? KEVIN HAT EINEN ÜBLEN BANDWURM ERWISCHT...

Panel 4: EINEN BREITBANDWURM!

Panel 1: BRAUCHT DIE SCHWEIZ SUPERHELDEN? / QUEREINSTEIGER GREENSPAM LIEGT IN ALLEN WAHLUMFRAGEN AN ERSTER STELLE...

Panel 2: WIE ES SCHEINT, WOLLEN DIE WÄHLER SUPERHELDEN IN DER POLITIK!

Panel 3: GERATEN DIE ANDEREN KANDIDATEN DADURCH IN ZUGZWANG, CHRISTOPH... ÄH...

Panel 4: ...BLOCHMAN? / NEIN!

Panel 5: SCHA-HATZ: BLOCHMAN IST WIEDER ZU HAUSE!

Panel 6: DIESEN PSEUDO-SUPERHELDEN HABE ICH IN DER ARENA EINE GARDINENPREDIGT GEHALTEN! / SEHR SCHÖN, STÖFELI. APROPOS:

Panel 7: DIE STRUMPFHOSEN KANNST DU VON MIR AUS BEHALTEN...

Panel 8: ABER DIE GARDINEN HÄNGST DU S·O·F·O·R·T WIEDER AUF!

Panel 9: HOFMAN IN DEN STÄNDERAT / TRICKSY WOMAN IN DEN STÄNDERAT / ES SCHEINT, DASS MOMENTAN NUR SUPERHELDEN BEI DEN WAHLEN EINE CHANCE HABEN...

Panel 10: VAISSELLE KANDIDIERT ÜBRIGENS AUCH FÜR DEN NATIONALRAT! / AH JA? WIE KOMMST DU DARAUF?

Panel 11: ER HÄNGT SCHON DEN GANZEN TAG IN DER GARDINENABTEILUNG RUM...

Panel 12: DER DUSCHVORHANG STEHT IHNEN AUSGEZEICHNET, COSMAN!

Panel 1: GABRIEL VAISSELLE! SO ZEIGST DU DICH NICHT IN DER ÖFFENTLICHKEIT!

Panel 2: WAS SOLLEN DENN DIE LEUTE VON DIR DENKEN? EIN NATIONALRATSKANDIDAT, DER SICH DER LÄCHERLICHKEIT PREISGIBT?!

Panel 3: ABER MAUSI! ICH... — DU WEISST GANZ GENAU: SUPERHELDEN TRAGEN DIE...

Panel 4: ...UNTERHOSEN ÜBER DEN STRUMPFHOSEN!

Panel 5: ET VOILÀ, COSMAN: IHR PLAKAT FÜR DEN BEVORSTEHENDEN WAHLKAMPF!

Panel 6: HMM... IRGENDWIE KOMME ICH MIR FREMD VOR... HABEN SIE ETWAS MIT DEM COMPUTER VERÄNDERT? MEINE NASE VIELLEICHT? — NEIN, HERR DOKTOR...

Panel 7: ODER DIE ZÄHNE? WIE BEIM PRÄSI DER CARIES-VOLLGEBISS-PLAQUE-PARTEI? — AUCH NICHT...

Panel 8: EHRLICHKEIT IST OBERSTES GEBOT, SMEILI! DIE WÄHLER MÜSSEN MIR BLIND VERTRAUEN KÖNNEN! — COSMAN IN DEN NATIONALRAT!

Panel 9: DIE SUPERHELDEN-MANIA BEI DEN NATIONAL- UND STÄNDERATSWAHLEN GRASSIERT WEITER...

Panel 10: MIT COSMAN STEIGT AUCH DER HINTERSTE UND LETZTE KANDIDAT MIT CAPE INS RENNEN!

Panel 11: ZUR WIRTSCHAFT: DEN SCHWEIZER UNTERNEHMEN GEHT ES NACH WIE VOR SCHLECHT. EINZIGER LICHTBLICK IST MOMENTAN DIE...

Panel 12: ...GARDINENBRANCHE...

!?
?
SCHRONK!
IDIOT!
FALSCHE ANTWORT!
FALSCHE ANTWORT??
ALS POLITIKER MÜSSEN SIE IN JEDER SITUATION DIE RICHTIGE ANTWORT HABEN!
SIE SIND ENTLASSEN!
WIEDER FALSCH!

COSMAN: EIN NATIONALRAT MUSS IN JEDER SITUATION SCHLAGFERTIGKEIT BEWEISEN!
KEIN PROBLEM! TESTEN SIE MICH!
GERN!
WO BLEIBT DER SPECK?
RICHTIG!
ICH HAB ERST MORGEN GEBURTSTAG!
RICHTIG!
SORGT FÜR MEIN WEIB UND MEINE KINDER!
FALSCH!

REICH ZU SEIN BEDARF ES WENIG...
...UND WER REICH IST, IST EIN KÖNIG!
?
DAS WAR COSMAN IM GESANGTEST...
WAS SCHAUST DENN DU FÜR EINEN SCHROTT?
EINE NEUE WAHL-SENDUNG...
"BERN SUCHT DEN SUPER-HELDEN"...

Strip 1:

Panel 1: HEUTE BEI "BERN SUCHT DEN SUPERHELDEN" DIE KANDIDATEN DER CVP...

Panel 2: (silent)

Panel 3: (silent)

Panel 4: IST DER STROM AUSGEFALLEN? / DAS IST IHR PARTEIPROGRAMM..

Strip 2:

NEIN!

Panel 1: JA HILFE! WAS IST DENN HIER LOS?

Panel 2: HEUTE IST DEZIBELTEST BEI "BERN SUCHT DEN SUPERHELDEN"... WER DIE HÖCHSTEN WERTE ERZIELT, VERBLEIBT IM RENNEN!

Panel 3: MOMENTAN IST DIE SVP DRAN! / KÖNNTEST DU NICHT DEN TON ABSTELLEN?

Panel 4: DER TON **IST** ABGESTELLT!

Strip 3:

Panel 1: WAS STEHT HEUTE BEI "BERN SUCHT DEN SUPERHELDEN" AUF DEM PROGRAMM? / FREISTILTANZ... / BÜHNE FREI FÜR...

Panel 2: COSMAN!

Panel 3: (dancing)

Panel 4: (dancing)

Panel 5: SIEHT NACH DOPING AUS! / EHER FLÖHE!

ARENAMAN
WENIGER STATT MEHR SCHWEIZ
UND... WEM GIBST DU DEINE STIMME?
COSMAN!
VAISSELLE?
DAS IST DER EINZIGE POLITIKER, DER SEINE WAHLVERSPRECHEN GARANTIERT...
...EINHALTEN WIRD!
COSMAN 2 x auf Ihre Liste oder Sie fliegen raus!

VERDAMMT, SMEILI! RÄUMEN SIE SOFORT DIE KASTANIEN VOM EINGANG WEG!
VERDAMMT, SISYPHUS! RÄUMEN SIE SOFORT DIE KASTANIEN VOM EINGANG WEG!
REIN-GELEGT, SISY!
SMEILI!

WOW! HAST DU DAS GELESEN? BILL GATES HAT 200 MILLIONEN DOLLAR FÜR DIE MALARIA-FORSCHUNG GESPENDET!
MEHR ?!
DA HABE ICH MEHR GESPENDET...
IM VERHÄLTNIS ZU UNSEREM VERMÖGEN SIND MEINE 10 FRANKEN DAS GRÖSSERE OPFER...
...NUR SPRICHT DAVON KEIN SCHWEIN!

Panel 1: EVA:DU UND LIPPENSTIFT? / GEHST DU IN ETWA IN DEN AUSGANG?

Panel 2: ERRATEN! / HEY, HABT IHR GEHÖRT? EVA GEHT... PSSSST!

Panel 3: DAS MUSS JA NICHT GLEICH GANZ ZÜRICH WISSEN! / SCHON GUT SCHON GUT! ICH BEHALTS FÜR MICH...

Panel 4: DURCHSAGE DER LEITSTELLE: WIR WÜNSCHEN EVA EINEN -BLINZEL!- SCHÖNEN ABEND!

Panel 5: HOPPLA! FÜR WEN MACHST DU DICH DENN SO SCHÖN?

Panel 6: ICH GEHE IN DEN AUSGANG! / IN DEN AUSGANG? HO! HO! MIT WEM?

Panel 7: MIT SISYPHUS... ER HOLT MICH GLEICH MIT SEINEM WAGEN AB!

Panel 8: (?)

Panel 9: NIMMT MICH JA WUNDER, WOHIN DU MICH ENTFÜHREN WIRST, SISYPHUS...

Panel 11: SISYPHUS?

Panel 12: SISY'S GÜGGELI

Panel 1-4 (row 1):

SISY'S GÜGGELI

ZAUBERHAFT, SISY!

KLING!

Panel 1-5 (row 2):

VIELEN DANK, SISYPHUS! DEIN COQ-AU-SISY WAR PHANTASTISCH!

EIN SOUFFLÉ GRAND MARNIER?!? MEINE LEIBSPEISE! WOHER WEISST DU DAS??

WUFF!

KEINE SORGE, SISY! ICH ESSE AUCH GEBRANNTE CRÈME!

Panel 1-4 (row 3):

ACH SISYPHUS... DAS WAR DER SCHÖNSTE ABEND MEINES LEBENS!

SAG JETZT EINFACH NICHTS!

Panel row 1:

- DIE WETTERAUSSICHTEN FÜR DIE KOMMENDEN TAGE:
- WEITERHIN DICHTER NEBEL ÜBER DEM FLACHLAND...
- MORGEN BEGRÜSST SIE HIER BEI METEO THOMAS BUCHELI. ICH WÜNSCHE IHNEN EINEN SCHÖNEN ABEND. AUF WIEDERSEHEN!

Panel row 2:

- IHR VERKAUFSERFOLG IN EHREN, FRAU GRDJIC...
- ABER KUNDEN ZU DROHEN UND SIE ZU ERPRESSEN, WENN SIE AUF UNSER ANGEBOT NICHT EINGEHEN, IST NICHT UNSER STIL...
- AUCH WENN ES SICH UM...
- ...BLOCHER HANDELT! BLOCHER AKTION

Panel row 3:

- ICH BEFÜRCHTE, DASS CHRISTOPH BLOCHER ALS BUNDESRAT... — Küsnacht
- ...ALLES VERSCHWEIZERN WIRD... — Erlenbach
- WIE KOMMST DU DARAUF? — Herrliberg
- !? — Meter

Strip 1:
- Die CVP ist am Serbeln..! Ich kann bei aller christlichen Nächstenliebe nicht verstehen...
- ...weshalb weder Deiss noch Metzler ihren Bundesratssitz freiwillig räumen wollen...
- Die kleben ja daran wie... wie...
- ...ihr Vorbild in Rom!?

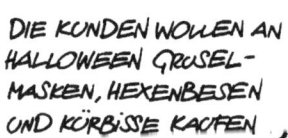

Strip 2:
- Verdammt, Smeili! Sind Sie wahnsinnig!?!
- Die Kunden wollen an Halloween Gruselmasken, Hexenbesen und Kürbisse kaufen
- ...und nicht Schnitzel, Hundertwasser und...
- ...Sachertorten! (Hallo Wien / Grinzing / Sacher / Prater / Friedhof)

Strip 3:
- Brauchen wir diesen importierten Pseudobrauch wirklich? — Natürlich! HALLOWEEN
- Halloween ist ein urtypischer Schweizer-Brauch, Frau Grdjic! — Wie bitte?!
- Wir verdienen daran ein Heidengeld!
- Wenn das kein Schweizer Brauch ist?!?

VERDAMMT, SMEILI! WER HAT DIESES JAHR...
...DIE HORROR-MASKEN BE-STELLT?
FRAU GRDJIC!
HÄTTE ICH MIR DENKEN KÖNNEN...
30·10

!?
!?
31·10

HABEN SIE ES GESEHEN, FRAU GRDJIC?!
SCHONGUT SCHONGUT... GRUMBEL
FÄRBEN SIE MIR DAS WEISSE HAAR...
1·11

WOW, EVA: DEIN NEUES ZUHAUSE IST UNIQUE! DIE VILLA HAT MINDESTENS 12 ZIMMER..!
12½!
IST BEI EUCH DER WOHLSTAND AUSGEBROCHEN?
IM GEGENTEIL...
WIR BEZAHLEN HIER WENIGER MIETE ALS VORHER...
SÜDANFLÜGE SEI DANK!
RÖHN!
GÜNSTIG ZU VERMIETEN
ZU VERKAUFEN
ZU VERKAUFEN!
WER WILLS?
Zumikon

EINE 12½-ZIMMER-VILLA IN ZUMIKON FÜR SCHLAPPE FR. 1250.-!!! UND DAS ALLES NUR WEGEN DER SÜDANFLÜGE...
DER FLUGLÄRM WAR NICHT DER HAUPTGRUND FÜR DEN AUSZUG DES EIGENTÜMERS...
...SONDERN DER ARSCH VON NACHBAR...
MAL SCHAUEN, WER DAS ÜBERHAUPT IST...
?!
!
?!
REVOX

AAAH! HERRLICH! ALLE DIESE REICHEN SENSIBELCHEN HABEN WEGEN DEM LÄRM ZUMIKON VERLASSEN!
WAHRER REICHTUM HEISST: EIN GOLFPLATZ GANZ FÜR MICH ALLEIN!
SISY: DAS 9er EISEN!

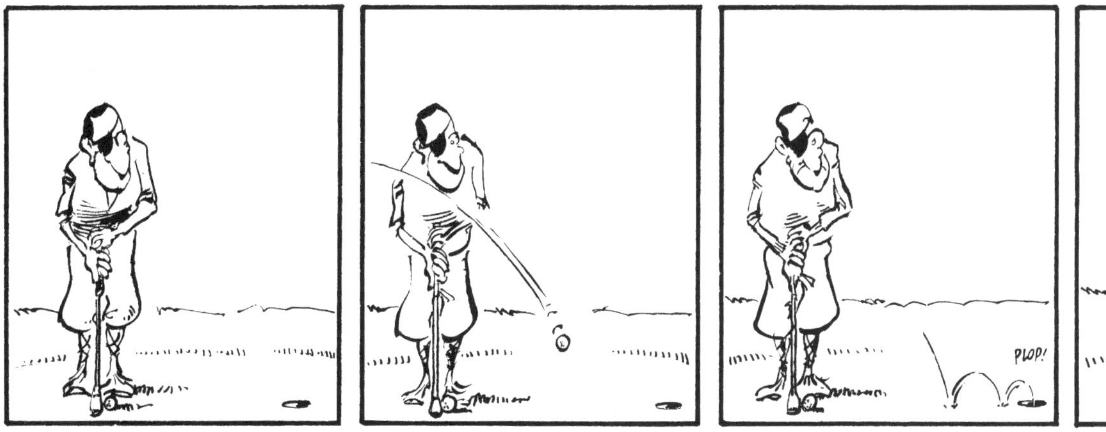
PLOP!
HERR! LASS ES NICHT SIE SEIN... BITTE!

NA, HALLO HERR NACHBAR!
SIE?! SIE HABEN HIER GAR NICHTS VERLOREN!
DOCH... MEIN BALL IN IHREM LOCH!
KLAUB!
UND ÜBERHAUPT: WIE SIE SEHEN IST GOLF...
...EIN BREITENSPORT GEWORDEN!

NICHT VIEL LOS AUF EUREM GREEN!
SEIT DEN SÜDANFLÜGEN IST ES HIER RUHIG GEWORDEN...
HOLE 9
DAFÜR EIN WAHRES PARADIES...
HOLE 9
BIRDIES
...FÜR...
EAGLES:
...ORNITHOLOGEN!
AIRBUS:

WIE WÄRS MIT EINER RUNDE, HERR NACH-BAR?
MEINET-WEGEN! (ZÄHNE-KNIRSCH!)
HABEN SIE ÜBERHAUPT EIN HANDY-CAP?
NEIN...
HAB ICHS MIR GEDACHT: ICH HABE 2!
SIE KÖNNEN EINS VON MIR HABEN...
NOKIA
ERICSON

MAYDAY!
MADAY!
FLUG LX1568... WIR SIND ATTACKIERT WORDEN!
UNSER LINKER FLÜGEL WURDE DURSCHLAGEN!
NICHT SCHLECHT, IHR DRIVE, FRAU GRDJIC... VIELLEICHT EINE SPUR ZU HOCH!

NETTER AB-SCHLAG, GRDJIC!
ABER LEIDER LEIDER IST IHR BALL IM BUNKER GELANDET!
NULL PROBLEMO, HERR NACHBAR! SAND IST MEINE LEIDENSCHAFT!
...DIE LEIDEN SCHAFFT: SIE KENNEN UNSEREN BUNKER NICHT!
?

Panel 1: IM GEGENSATZ ZU IHNEN, FRAU GRDJIC...

Panel 2: ...SPIELTE ICH SEIT MEINER KINDHEIT NIE MEHR...

Panel 3: ...IM SANDHAUFEN!

Panel 4: DIE ZÜRCHER WOLLEN WEGEN SANDSTURM AUF NORDANFLUG UMSTELLEN! WAS DIE SICH ALLES EINFALLEN LASSEN!
FLUGSICHERUNG FRANKFURT

Panel 5: DER SIEG IST MEIN... HARHAR!

Panel 6: ZACK!

Panel 7: ? DAS IST NUR...

Panel 8: ...EIN ÖLFLECK! AUCH GROSSE VÖGEL LASSEN MAL WAS FALLEN!

Panel 9: ICH HABE VAISSELLE EINE GOLFLEKTION ERTEILT! UND ICH HABE SEINE FRAU KENNENGELERNT! ERSTAUNLICH SYMPATHISCH!

Panel 10: SIE HAT UNS SPONTAN ZUM ESSEN EINGELADEN! OH-OH! DANN WEISS DER HAUSHERR NOCH NICHTS DAVON?!

Panel 11: GAATS NA?!

Panel 12: JETZT WEISS ER'S!

NIEMALS WIRD EINE GRDJIC IHREN FUSS ÜBER MEINE SCHWE
UND OB!
DU WIRST MIR DIESEN ABEND MIT DEN NEUEN NACHBARN NICHT VERSIECHEN! SEIT JAHREN KONNTEN WIR NIEMANDEN MEHR EINLADEN, WEIL DU MIT ALLEN VERKRACHT BIST!
DIE GRDJICS SIND HEUTE UNSERE GÄSTE UND BASTA!
NUR ÜBER MEINE LEICHE!
WIE DU WILLST!

WO GEHST DU HIN? GRDJIC'S KÖNNEN JEDEN AUGENBLICK KOMMEN!
WEIN KAUFEN!
WEIN KAUFEN?!? DU BESITZT EINEN PRÄMIERTEN REBBERG IN DER TOSCANA, BIST EHRENMITGLIED DER 'CONFRÉRIE-DU-TIRE-BOUCHON' SEKTION PFANNENSTIEL...
...UND WILLST KEINEN PASSENDEN WEIN IM KELLER HABEN?
DU SAGST ES!
SPAR

GABRIEL! UNSERE GÄSTE SIND DA!
SIE HABEN EINEN WUNDERBAREN STRAUSS MITGEBRACHT!
N'ABEND...
DER APERO IST BEREIT... KÜMMERST DU DICH UM DEN STRAUSS, DARLING?!
MIST-STÜCK!

...UND HIER IST DER WELLNESS-BEREICH: SAUNA, FITNESS, ET CETERA, ET CETERA...
NETTER POOL...
12 METER... EXTRALANG!
SEIN GANZER STOLZ!
ÄH, MANU... WIE LANG IST EIGENTLICH DAS BECKEN BEI UNS DRÜBEN!
12½ METER...
?
IHREN POOL UM 60 CM VERLÄNGERN?! WISSEN SIE ÜBERHAUPT, WIE SPÄT ES IST?
POOL

HINTER DIESER TÜR SCHLUMMERT DIE WERTVOLLSTE KUNSTSAMMLUNG DER SCHWEIZ!
ALLEIN DAS HOCHSICHERHEITSSYSTEM HAT EIN VERMÖGEN GEKOSTET!
GENAU..! HIER KOMMT NIEMAND REIN AUSSER...–
BII-BIIEP BIEP! BIEP!
FR...FRAU GRDJIC?!??
SORRY... ICH DACHTE, DIES SEI DIE TOILETTE..!

HIER SEHEN SIE DIE WERTVOLLSTE KUNSTSAMMLUNG DER SCHWEIZ...
HAHA..!
IHNEN WIRD DAS LACHEN VERGEHEN IM ANGESICHT VON MONET, CEZANNE, PICASSO UND...
..VAN..–
HAHATSCHI!
MEINE MUTTER HAT EINE SONNENBLUMEN-ALLERGIE..!
!

MEIN GOTT... ICH HABE IHREN VAN GOGH ANGENOSSEN... TUT MIR ECHT LEID!
WIE HEISST IHRE HAFTPFLICHTVERSICHERUNG, FRAU GRDJIC?
WINTERTHUR,... ABER VIELLEICHT...
...KANN ICH...
MIST! DIE SONNENBLUME... BLÄTTERT... DIE FARBE...
SIE HABEN SOEBEN DIE WINTERTHUR IN DEN RUIN GETRIEBEN!

SIE HABEN MEINEN VAN GOGH RUINIERT, FRAU GRDJIC... JETZT KANN ICH IHN GRAD SO GUT...
GABRIEL...
HERR DOKTOR...!
TU'S NICHT, GABRIEL!
RITSCH! RATSCH!
REINGEFALLEN! HAHA! IST NUR EINE BILLIGE KOPIE! DAS ORIGINAL IST BEIM RESTAURATOR!
GABRIEL: DER RESTAURATOR HAT ES HEUTE MORGEN ZURÜCKGEBRACHT!
FRAU VAISSELLE... ICH FÜHLE MICH WOHLER, WENN SIE DAS FILET TRANCHIEREN...

AN WELCHE SCHULE GEHEN EIGENTLICH IHRE KINDER, FRAU VAISSELLE?
AN EINE INTERNATIONALE SCHULE... JAPANER UND AMERIKANER, DIE HIER LEBEN, SCHICKEN IHRE KINDER DORT HIN...
UNSERE KINDER GEHEN AUCH AN EINE INTERNATIONALE SCHULE... DER INLÄNDERANTEIL BETRÄGT NUR 30%..!

Panel 1: UND JETZT KOMMT DER NACHTISCH...! IN ROTWEIN EINGELEGTE FELLENBERG-ZWETSCHGEN...

Panel 2: ...AUF EINEM FEIGENCOULIS, AUF FRISCHEM PFEFFERMINZBEET, AUF PASSIERTEM GIANDUJA-MANGO-PARFAIT...

Panel 3: ...AUF GLASIERTEM MARONENSCHAUM, AUF HANDMODELLIERTER BLÄTTERTEIGWOLKE, AUF EINEM... ÄH...

Panel 4: ...TELLER?

Panel 5: NACH DIESEM WUNDERSCHÖNEN ABEND UND IM SINNE EINER LANGEN, GUTEN NACHBARSCHAFT... GNA-GNA-GNA...

Panel 6: SCHLAGE ICH VOR, DASS WIR UNS... SCHÜTT!

Panel 7: ...DUZEN..! PRUST!

Panel 8: WUSST ICH'S DOCH, DASS DU FÜR DIE NEUEN NACHBARN FEUER UND FLAMME SEIN WIRST!

Panel 9: ICH WUSSTE JA GAR NICHT, DASS EVA BEI DIR IM BETRIEB ARBEITET! ICH HABE IHR VORGESCHLAGEN, DASS SIE VON JETZT AN BEI DIR MITFAHREN KANN! SUPER IDEE!

Panel 10: (ohne Text)

Panel 11: WROMM!

Panel 12: RAUS! BUS

NACH HARTEN VERHANDLUNGEN IST ES UNS GELUNGEN, DIE VERMARKTUNGSRECHTE AM HEISSESTEN TRENDLABEL ZU SICHERN:
CB..!
CB IST KULT! CB IST SWISSNESS! CB DESIGNT BRILLEN, BEKLEIDUNG UND WURSTWAREN!
CB WIRD DER SCHWEIZ DEN STEMPEL AUFDRÜCKEN! – UND WIR GARNIEREN!
WAS HEISST CB?
CHRISTOPH BLOCHER...

EGAL, OB BLOCHER ALIAS CB BUNDESRAT WIRD ODER NICHT: ER IST KULT! WELCHE CB-MERCHANDISING-ARTIKEL KOMMEN ALSO IN FRAGE?
HMM... ER HAT VIELE ANHÄNGER...
CB-SCHLÜSSELANHÄNGER! GENIAL!
WEITER!
ER ZIEHT MENSCHEN MAGNETISCH AN!
CB-KÜHLSCHRANKMAGNETE! SUPER!
WIE WÄRS MIT CB-MOUSE-PADS?
WIE KOMMEN SIE DARAUF?
MAN KÖNNTE IHM DANN ÜBERS MAUL FAHREN..!

MIT DEN VERMARKTUNGSRECHTEN AN CHRISTOPH BLOCHER WERDEN WIR UNS EINE GOLDENE NASE VERDIENEN!
ICH HABE SOEBEN EIN JOINT-VENTURE MIT DEM SVP-HOFORGAN ABGESCHLOSSEN...
MIT DER WELTWOCHE?
SIE HEISST JETZT SCHWEIZERWOCHE!

DAS FORCH-DENKMAL IN EHREN... DOCH IN WENDEZEITEN MUSS MAN EIN STARKES ZEICHEN SETZEN...	UNSER LAND BRAUCHT KEIN DENKMAL, SONDERN...	BOMM!	...EIN REDMAL? ...EINE FREIHEITSSTATUE!
DIE SCHWEIZER FREIHEITSSTATUE...	...WIRD NATÜRLICH BEGEHBAR SEIN... SIE BESITZT IN DEN BEINEN EIN PATERNOSTER!	IM RECHTEN BEIN GEHTS AUFWÄRTS... UND IM LINKEN?	NA, WOHIN WOHL?
WENN MAN MIT DEM PATERNOSTER IM RECHTEN BEIN DER SCHWEIZER FREIHEITSSTATUE HOCHFÄHRT...	...ERREICHT MAN DIE MITTLERE EBENE MIT DEM LADENZENTRUM...	...UND AUF DER OBEREN EBENE DIE AUSSICHTSPLATTFORM! ...UND IM OBERSTÜBLI?	GIBTS EIN FONDUESTÜBLI!

von den gleichen Autoren im Sewicky Verlag erschienen:

EVA-Kassenkampf
Tagesstrips 1

EVA-Damenwahl
Tagesstrips 2

EVA-Pokerfarce
Tagesstrips 3

EVA

EVA²

«Ein Meisterwerk absurder Comic-Komik.» *Basler Zeitung*

ZWICKY 1

ZWICKY 2

ZWICKY 3

«Die beliebteste Schweizer Comicfamilie.» *Das Magazin*
«Das schafften weder Frisch noch Dürrenmatt...» *CASH*

IGOR
«Ich liebe diese Ratte.» *Peter Stamm*